Anton Joseph Stein, Theodor Georg von Karajan

Österreichische und Türkische Kriegeslieder

Anton Joseph Stein, Theodor Georg von Karajan

Österreichische und Türkische Kriegeslieder

ISBN/EAN: 9783743381803

Hergestellt in Europa, USA, Kanada, Australien, Japan

Cover: Foto ©Thomas Meinert / pixelio.de

Manufactured and distributed by brebook publishing software (www.brebook.com)

Anton Joseph Stein, Theodor Georg von Karajan

Österreichische und Türkische Kriegeslieder

Oesterreichische und türkische Kriegeslieder.

WIEN,
gedruckt bey Joseph Hraschanzky, k. k.
pr. Buchdrucker im Mölkerhofe Nr. 97.

1788.

Vorerinnerung.

Der Verfaſſer hatte anfangs noch mehr Gedichte für dieſe Sammlung beſtimmt; allein er fand nachher, ſowohl wegen ihres Inhalts, als auch aus andern Gründen, nöthig, ſie davon auszuſchlieſſen. Wenn einige aus den gegenwärtigen nicht ganz mißfallen', ſo ſieht er dieſes als einen Wink an, jene ein andermal bekannt zu machen.

Was die zwey Fragmente betrift, ſo würde er ſie, beſonders die Ode an die Geiſter der Helden ꝛc. nicht unvollendet gelaſſen haben, wenn ſein Gemüth jene Stimmung wieder erhalten hätte, die zur gleichförmigen Fortſetzung einer Arbeit erfordert wird; oder wenn man sich immer nach Willkühr einen Affekt, eine Gemüthslage erkünsteln, oder vielmehr — schaffen könnte.

Durch ein Versehen, woran der Verfasser nicht im geringsten Theil hat, ist den Hrn. Buchhändlern in den Provinzen kein Auftrag gemacht worden, Pränumerazion anzunehmen. Diese Anmerkung schien hier, wegen der in der Ankündigung bestimmten Verwendung der Pränumerazionsgelder, nöthig zu seyn.

Verzeichniß der Herren Pränumeranten.

A.
Hr. Ackermann. Hr. Alter, Prof. d. griech. Sprache. Jos. Appelt.

B.
Hr. Ludwig Baron von Baillou. Fräulein Gabriele von Baumberg. Hr. Andr. v. Beck. Hr. v. Bernhard. Frau Hofräthin v. Birkenstock. Hr. Blum. Hr. Franz. v. Bositzio. Hr. v. Brendl. Hr. Franz Xav. v. Brenner.

C.
Hr. Franz v. Costanzi. Hr. Christan, Doktor.

D.
Hr. Jos. Donat, Buchhälter der k. k. Familienzüterbuchh.

E.
Hr. Eberle 3 Ex.

F.
Hr. Ign. v. Fichtl. Hr. Leop. v. Fichtl. Hr. Ferd. Fierlinger. Hr. Ign. v. Freytag. Hr. Karl v. Friedburg. Hr. Joh. Fritsch. Hr. Frühmann. Hr. Ferd. v. Funke.

G.
Hr. Baron v. Gabelkhoven. Hr. Gaheis. Hr. Gerner, Professor am k. k. Theresianum. Hr. Groppenberger. Fräulein Jeanette v. Glück.

H.
Hr. Haas. Hr. Alchard Habel, Provinzial d. Piaristen. Hr. v. Haidenreich, Physikus der Jazyg. u. Kum. Distrikte. Hr. Jos. v. Hammer. Hr. Haslin=

linger k. k. Hofagent. Hr. Prof. Hell. ↑ Er. Hr. Herbert. Hr. Max. Heymerle Edler v. Heymthal. Hr. Holle, Philos. Stud. Hr. v. Horwath, Obernotär der Jazyg. u. Kum. Distrikte. Hr. v. Hütter, Oberstwachtmeister.

J.

Hr. Jaffner. Hr. v. Jan Ministre Resid. v. Hessen Darmstadt. Hr. Ludw. Imelsey.

K.

Hr. v. Kallinger. Hr. F. Kaschnitz. Hr. J. v. Keeß. Hr. E. v. Kempelen. Hr. Karl Klein. Hr. Jos. Klein. Hr. Kotnig, Arzt. Hr. Kronauer, Lehrer d. franz. u. deutschen Sprache.

L.

Hr. Innocenz Lang, Prof. d. Dichtk. am Joseph. Gymn. Hr. Robert Lauz, Lehrer an d. Josephst. Hauptschule. Hr. Ferd. Edler v. Leber, k. k. Rath Leibchirurg. Hr. Gottlieb Leon, Offizial an der k. k. Hofbibl. 6 Exemp. Hr. Jan. Liebel Korrepet. am k. k. Theresianum. Hr. Friedrich Baron v. Löhr.

M.

Hr. Maller. Hr. Jos. Mastalir, Med. Doct. Hr. Matheys, Kaufm. Hr. May, Lehrer am k. k. Taubstummeninstitut. Hr. Borgias Mayer. Hr. Franz Jos. Edler v. Meyer Raitoffiz. der k. k. Familiengüterbuchh. Mslle. Katharina Mayr. Mslle. Theres. Mayr. Hr. Aloys v. Meiller. Hr. Pet. v. Mertens. Hr. Meschel, Prof. der Grammatik. am Jos. Gym. Hr. Joh. Meussel. Hr. Anton Graf von Mitrovsky. Hr. Montoya, Prof. der Grammat. am Jos. Gym. Hr. Mozart, Tonkünstler in Diensten Sr. k. k. apost. Majestät. Hr. Reinhold Müller, Prof. d. Dichtk. am k. k. Theres. Hr. Abbe Muszka. Hr. Phil. Müller.

N.

Hr. Leonh. Nasal, Direkt. d. Josephst. Hauptschule. Hr. Thom. Neubauer.

O.

O.

Hr. v. Ott, Gesandschaftsrath bey der kais. russ., Gesandschaft.

P.

Hr. Franz Papier. Hr. v. Patuzzi. Hr. Joh. v. Peitl. Hr. v. Peitl. Hr. Pell, Kooperat. in der Josephst. Pfarr. Hr. Pirkhert. Hr. Franz Pittner. Hr. Poppo. Hr. Jos. Putz.

Q.

Hr. Joseph v. Quarin, k. k. Rath und Leibarzt.

R.

Hr. Joh. Raabl. Hr. v. Rabinger, Oberlieutnant d. löbl. Karom. Reg. Hr. Joseph Rackowetz. Hr. Alex. Boros v. Rakos Oberkapitain der Jazyg. u. Kuman. Distrikte. Hr. Reinisch, Prof. am Universitätsgymn. Hr. Joseph Edl. v. Retzer, k. k. Hofsekretär und Bücherzensor. Hr. Jakob v. Reinlein, k. k. Rath und ordentl. Lehrer der prakt. Arzneywiss. 2. Exempl. H. Rittmannsberger Prof. d. Grammat. am Jos. Gym. Hr. Paul Rötzl. Hr. Stieler v. Rosenegg. Hr. Rottenstätter. Hr. Isidor van Roy. Hr. Franz Rudtorfer, zweyter Wundarzt im allg. Krankenhause.

S.

Hr. Joseph Graf v. Salm. Hr. Andr. v. Sartori, erster Wundarzt am allg. Krankenh. Hr. Math. Schonzer. Hr. Matth. Schleifer. Bar. v. Schleinitz, Min. Resid. v. Braunschw. Wolfenb. H. Eman. B. v. Schlieben. Hr. Joseph Edler von Schmidmer k. k. Hofconcipist. Hr. Schultes. Hr. Setznagel. Hr. Stiebar, Rekt. und Pfarr. in der Josphst. Hr. Adam Straßgy, Phil. & Med. Doct. Hr. Jos. Strobl. Hr. Strommer, Lehrgehilfe am k. k. Taubstummeninstitute.

T.

Frau Gräfin v. Thun. Hr. Joh. Nep. Baron v. Tinti.

W.

Frau Elis. Marth. Baronin von Waldstätten. Hr. Hugo Joseph Freyherr von Waldstätten kais. kön. Nieder Oesterreichischer Landrath und Truchseß. Hr. Gabriel Wallmann, Präfekt des Jos. Gymnas. Se. Erzell. Hr. Graf v. Wartensleben, Feldmarschal Lieut. 2 Er. Hr. Wedel, Prof. am Universitätsgym. Hr. Weigner. Hr. Franz Wiesinger. Hr. Wiser, Prediger in der Josephst. Pfar. Hr. Steph. Wunderl.

Z.

Hr. Simon v. Zeller, erster Wundarzt am allgem. Krankenh. Hr. Zimmermann, Doktor der Chirurgie. Hr. Raymund Zobel, Prof. der Redek. am Jos. Gym.

31 Ungenannte.

In=

Inhalt.

Die Kriegesfurie. 1
Als der Kaiser zur Armee gieng. 7
Der Kampf der Adler mit dem Monde. Ein
   Gesicht. 13
Klage eines Türken in der Gefangenschaft. . 23
Bewillkommnng des Kaisers im Lager. . . 34
Wilhelms Abschied. 39
Die Vorboten des Krieges. 44
Lied eines gefangenen Türken. 58
Phantasie eines Menschenfeindes beym Aus=
   bruche des Türkenkrieges. Fragment. . 70
Fritz. 77
Herausforderungslied der Türken. 90
Lied eines Waffenschmiedes. 97

Der kleine Karl und seine Mutter. Ein Ge-
    spräch. 102
Jägerlied. 107
Konrad an Hanne. 111
An die Geister der Helden des alten Griechen=
    lands. Fragment einer Ode. 118

Die

Die Kriegesfurie.

Da ist sie! da! heraufgesandt,
Die Kriegesfurie!
Zersprengt, zu früh! das Eisenband,
Das sie noch fesselte!

Ein schwärzer Ungeheuer spie
Zu frommer Menschen Graus
Der Hölle Feuerrachen nie
Auf frohe Völker aus.

Wie flammt ihr rothes Augenpaar
　　Von angefachter Glut!
Wie zischt in dem verworrnen Haar
　　Die neid'sche Vipernbrut!

Wie sie, von gift'gem Geifer naß,
　　Die scharfen Zähne bleckt,
Die Zähne, welche, dürr und blaß,
　　Die Lippe halb nur deckt!

Wie kreis't die Todesfackel sich
　　In ihrer Krallenfaust,
Daß von dem Schwunge fürchterlich
　　Die Luft erbebend saust!

　　　　　　　　Ha!

Ha! wie der Dampf in Wirbeln dicht
    Aus Schlund und Nase fährt,
Daß sich des holden Tages Licht
    In grause Nacht verkehrt!

Schon hebt geschwinder, als ein Pfeil,
    Ihr Fittig sie empor:
Ihr Tod verkündendes Geheul
    Erschreckt der Völker Ohr.

Aus blitzeschwangerm Nebel glüht
    Ihr scheeler Blick herab;
Wohin ihr tödtend Auge sieht,
    Dort öffnet sich ein Grab!

Nun trägt ein Sturm vom Abend her
    Sie schnell nach Osten hin:
Hier ruhet sie auf Wolken schwer
    Mit schadenfrohem Sinn;

Dann wiehernd, wie die Hölle lacht,
    Faßt sie den Feuerbrand
Mit beiden Klaun, und geußt mit Macht
    Umher auf jedes Land

Erbrausend einen Schwefelsee,
    Daß Stadt und Hütt' und Wald
Von der bedrängten Völker Weh
    Zum Himmel wiederhallt!

Wen sollt ihr aus der Helden Schaar,
  Gebeugte Völker, wen
Vom Götterstamm' in der Gefahr
  Zum Retter euch erflehn?

Held Friedrichs Arm hat ausgesiegt,
  Und schläft in stiller Ruh —
Indessen fleugt, der euch bekriegt,
  Euch selbst als Retter zu.

Held Josephs Arm bekämpft die Glut,
  Die euch Verderben droht;
Die Feuersee, die Ströme Blut
  Stehn still auf sein Gebot!

Zurückgepeitscht durch seinen Blick,
  Eilt wimmernd und verzagt
Die Furie dahin zurück,
  Wo keine Dämmrung tagt.

Doch, wenn, von tollem Muth bethört,
  Sie zögert zu entfliehn,
Sehn wir sie, wenn Er wiederkehrt,
  Des Siegers Wagen ziehn.

Als der Kaiser zur Armee gieng.

Held Joseph läßt der Väter Thron,
    Und eilt ins Waffenfeld,
Tauscht um den schweren Helm die Kron',
    Den Goldpalast ums Zelt;

Denn lang schon reift der Lorber ihm,
    Und streuet süssen Duft,
Der ihn, mit Heldenungestüm,
    Zur vollen Aernte ruft.

Heil dem Gewaltigen! Heil Ihm!
: Daß Er der Ruh vergißt,
Und an den frechen Moslemim *)
: Der Deutschen Rächer ist;

Daß nun die Stärke seines Arms,
: Der nie für Unrecht kämpft,
Den Übermut des wilden Schwarms
: In seinem Blute dämpft.

---

*) Moslem, plur. Moslemim, Rechtgläubige, ein Namen, den die Mahomedaner sich ausschlüssungsweise vor allen Völkern der Erde geben zu können fest überzeugt sind.

Erheitre deinen Thränenblick,
 O kummervolles Wien!
Bald siehst du siegreich ihn zurück
 In deine Mauern ziehn!

Ihn schützt Allvater vor dem Fall;
 Von seinem Arm beschirmt
Steht Er, wenn kühner Feinde Schwall
 Sich Ihm entgegenthürmt.

Nicht heisser Durst nach schnödem Ruhm
 Weckt Ihn zur blut'gen Schlacht;
Nicht Geiz nach fremdem Eigenthum
 Hat Ihn beherzt gemacht.

Ihm ist der mazedonsche Held,
  Der siegreich brennt und sengt,
Und mit dem Blute einer Welt
  Den Durst nach Ehre tränkt,

Ein Wicht, der ohne Scheu und Reu,
  Und ungezüchtigt raubt —
Wenn auch der Sklaven Schmeicheley
  Mit Lorber ihn umlaubt.

Der Retter seyn von Volk und Land,
  Die Feigheit und Betrug
Einst dem Barbaren zugewandt,
  Ist Joseph Ruhms genug!

Zerhaun der Fesseln Band von Stahl,
　Mit Brüderblut benetzt
Von dem Tyrann *), deß Aug an Qual
　Und Thränen sich ergötzt;

Den Würger, mit zerbrochnem Schwert,
　Verzagt um Frieden flehn,
Des Halbmonds Hörner umgekehrt,
　Zu seinen Füssen sehn:

---

*) Tyrann, Würger, ist hier eben nicht der jedesmalige Großsultan, der oft nur ein elendes Werkzeug von der Grausamkeit seiner Minister ist, noch weniger der itzt regierende Abdul Hamid — sondern, wenn man will, die Pforte mit allem, wodurch sie sich von andern europäischen, menschlicher gesitteten Höfen unterscheidet.

Dieß ist Sein herrlichster Triumph,
    Dieß Seiner Thaten Preis!
Triumph! jauchzt bald entzückt, Triumph!
    Der halbe Erdenkreis!

Der Kampf
der Adler *) mit dem Monde.
Ein Gesicht.

Zur Stunde, wenn Begeisterung,
    Vom Pöbel unbelauscht,
Mit Harfenklang und Flügelschwung
    Des Dichters Ohr umrauscht;

---

*) Jederman weiß, daß das russische, so wie das deutsche Reich einen zweyköpfigen Adler im Wappen führt.

Wenn der Prophet mit hellerm Blick,
: Vom Himmelsstrahl durchglüht,
Der Zukunft nächtliches Geschick
: In Sonnenklarheit sieht;

Zur Stunde, wenn im heil'gen Wald
: Die Nymph' Aegeria
In göttlich reizender Gestalt
: Der fromme König *) sah:

---

*) Numa, Roms zweyter König, der die religiösen Gesetze und Ceremonien, die er für das noch äusserst rohe Volk anordnete, von der Göttin Aegeria bey nächtlichen Besuchen in einem Haine empfieng, oder — wie Livius will — empfangen zu haben vorgab, cum defendere ad animos imperitæ multitudinis sine aliquo commento miraculi non posset.

Um Mitternacht — da sah auch ich —
Ihr Völker, zweifelt nicht! —
Ich sah — noch fesselt Staunen mich —
Ein himmlisches Gesicht.

Hoch über Osten stand der Mond
Mit seinem Doppelhorn —
So furchtbar hat er nie gethront,
Im Antlitz drohte Zorn;

Bald ward er, wie vor Schrecken, bleich,
Bald wieder blutig roth,
Wie wenn er einem Königreich
Den nahen Umsturz droht.

Und siehe! von dem Hörnerpaar
  Streckt' er das rechte lang
Zum Nordpol hin, das linke war
  Gekehrt zum Niedergang.

Und schnell erhob sich durch die Luft
  Ein Sturm aus Nord und West,
Wie wenn des Aeols Felsenkluft
  Die Winde brausen läßt.

Ich schaut' umher — ein Adler stieg
  Vom Belt mit Riesenmut
Hinan, sein Flügel tönte Sieg,
  Sein Auge sprühte Glut.

An langen Hälsen bäumten sich
    Zwey Köpf' an ihm empor;
Doch unten ragten fürchterlich
    Zwey Krallen nur hervor;

Denn hätt' er, zu den Häuptern, vier
    Mit Mord bewehrte Klaun,
Es füllte seine Raubbegier
    Den Erdkreis an mit Graun.

Und sieh! ein zweyter, an Gestalt
    Ihm gleich, vom Abend her,
Erhob mit stürmender Gewalt
    Sich durch der Lüfte Meer.

Und

Und ihre breiten Fittige
    Bedeckten, ausgespannt,
Den Himmel halb, es schauderte
    Vor Dunkelheit das Land.

Ihr Auge schoß durch Finsterniß,
    Gleich Blitzen, himmelan,
Denn ihrer Flügel Stärke riß
    Sie hin zur Sternenbahn.

Allein des Fluges Ungestümm
    Ward von dem Mond gehemmt,
Der sich der Stolzen, voller Grimm,
    Mit Macht entgegenstämmt.

                      Doch

Doch der von Norden stieß mit Wut
    Ans rechte Horn, und brach
Die Spitz' ihm ab, es strömte Blut,
    Den Himmel röthend, nach.

Und siehe! der von Westen hieb
    Ergrimmt ins linke ein:
Es blutete, und plötzlich trüb
    Und düster ward sein Schein.

So wie bey einem Wallfischfang
    Der größte, der, gestreckt
Gleich einer Insel, hufenlang
    Die bangen Fluten deckt,

Und

Und mit Gebraus ein Wogenheer
 Aus weiter Nase schießt,
Dem Fischvolk schrecklich zeigt, daß er
 Der Meere Herrscher ist:

Wenn ihn zwey Schiff' im sichern Stand
 Erspäht, die Lanze blitzt,
Geworfen von geprüfter Hand
 Ihm tief im Nacken sitzt:

Wie er sich, ringend, auf den Grund
 Bald niedertaucht, bald hebt,
Und Ströme schnaubend stürmt, daß rund
 Umher das Weltmeer bebt;

Sein

Sein Blut die Wellen im Gefecht
   Mit Purpur überzieht;
Das schuppentragende Geschlecht
   Scheu aus einander flieht:

So rang der Mond — bald flog er schief
   Im Taumel himmelan,
Bald streift' er nieder irrend tief
   Der Erde dunkle Bahn:

Und auf und ab, und ab und auf
   Giengs durch das Luftrevier,
Es folgten seinem Wechsellauf
   Die Adler für und für:

Der Sterne Chor, von Furcht erblaßt,
 Und mit verloschner Glut,
Floh hin und her in scheuer Hast;
 Den Himmel färbte Blut;

Blut rauscht' in Regengüssen dicht
 Hernieder, Flut auf Flut,
Der Erde grauses Angesicht
 War itzt ein Meer von Blut,

Und von dem Blute stieg ein Dampf,
 Gleich Wolken, schwarz empor,
Daß, unvollendet, ich den Kampf
 Aus meinem Aug verlor.

Klage

Klage eines Türken in der Gefangenschaft.

O Gottes heiligster Prophet!
Du hochgepriesner Mahomet!
Warum hat deine starke Hand
Von deinem Knecht sich abgewandt?

Es war dir nie ein Muselmann
Mit grösserm Eifer zugethan:
Denn wallt' ich mit dem Pilgerstab
Nicht dreymal schon zu deinem Grab?

Gab ich nicht stets zu deiner Ehr'
Ein Theil von meiner Habe her,
So oft vertraut in meinen Schooß
Des Elends Hungerthräne floß?

Und hast du nie mich in Moscheen
Auf gläub'gen Knieen liegen sehn?
Aß ich mein karges Mittagsbrod
Nicht oft erst nach dem Abendroth?

Und wusch ich mich, nach dem Kasteyn,
Im Bade nicht von Sünden rein?
Und hab ich nicht die Sabbathsnacht
Stets ohne Weibchen zugebracht?

Und

Und dann, wie so gewissenhaft
Versagt' ich mir den Rebensaft,
Mit dem mein Iman *), unbelauscht
Und ungestraft, sich oft berauscht!

Und wenn es deine Ehre galt,
Und dich ein Gauer **) frevelnd schalt,
Ein Hirngespinnst dein Paradies,
Dich, ohne Scheu, Betrüger hieß:

Wie

---

*) Iman, ein türkischer Priester, Pfarrer. Mahomet verbietet den Rechtgläubigen den Gebrauch des Weines. Allein fast alle ihre Geistliche (ihr Oberhaupt, den Mufti selbst, nicht ausgenommen) übertreten heimlich dieses Gesetz, dessen Beobachtung sie dem Volke auf der Kanzel sehr ernstlich einzuschärfen wissen.

**) So werden die Christen von den Türken genennt.

B

Wie stritt ich da für deinen Ruhm
Und deines Korans *) Heiligthum,
Bis ich bewährte: Mahomet
Sey Gottes heiligster Prophet!

Und nun der Dank! — Dieß gibst du mir,
O Mahomet, zum Lohn dafür?
Warum hat deine starke Hand
Von deinem Knecht sich abgewandt?

Ich, welcher deinem Worte glaubt,
Bin, ha! der Freiheit Licht beraubt,
Beraubet durch des Feindes Macht,
Der deines heil'gen Wortes lacht!

Nicht

---

*) Koran ist die Bibel der Türken.

Nicht, weil im Kampfe Feigheit sich
Und Furcht in meinen Busen schlich,
Nicht, weil von Drohungen geschreckt
Ich zitternd das Gewehr gestreckt.

Ich hatte deiner Gläubigen
Ein zahlreich Heer zur Seite stehn;
Es lechzte unser Löwenmut,
Von Rach' entbrannt, nach Christenblut.

Ein Trupp von Gauern stürmt heran,
Haut mit dem Schwert sich eine Bahn,
Und dämpfet unsers Heeres Grimm
Mit wettergleichem Ungestümm.

Geschwächt, doch unerschüttert, rang
Dein treues Volk acht Stunden lang,
Und bot, vertrauend deinem Schutz,
Dem siegestolzen Feinde Trutz.

Du aber wandtest dein Gesicht
Auf deine tapfern Streiter nicht:
Sie fielen — durch der Christen Schwert,
Fürwahr! des Paradieses werth.

Nun sah ich von den Tausenden
Nur wenig mir zur Seite stehn,
Wund, matt, mit Feindesblut bedeckt,
Von Todeszähnen angebleckt;

Da

Da boten endlich, übermannt,
Dem blut'gen Sieger wir die Hand:
Du rechnest doch, was wir gethan,
Zu keiner Frevelthat uns an?

Denn sprich, von dir nicht unterstützt,
Was hätt' uns noch der Kampf genützt?
Und forderst du der Deinen Tod,
Da wo der Christ mit Fesseln droht:

O sieh nur selbst, wie dünn, wie klein
Wird deiner Knechte Häufchen seyn:
Wenn der allein, der seinem Schwert
Entfloh, dich als Propheten ehrt.

Sein Arm ist stark, und hoch sein Mut;
Auf seines Adlers Flügeln ruht
Gewisser Sieg, und Witz und Kunst
Erbuhlten ihm des Glückes Gunst.

Uns hat so manche Siegesschlacht
Die müden Säbel stumpf gemacht;
Der Mut, vor dem er sonst gebebt,
Hat seinen Busen nun belebt.

Und — thränend sag' ichs, o Prophet! —
Wo deine Fahne sonst geweht,
Da streckt, zu deines Volkes Graus,
Der Adler seine Krallen aus.

Wenn

Wenn du dießmal nicht Wunder wirkst,
Uns nicht für Reich und Leben bürgst,
So sehn wir bald vom stolzen Wien
Die Gauern, ha! nach Stambul ziehn;

Bald, wo noch itzt in Herz und Geist
Der Moslem deinen Namen preist,
In deinen heiligen Moscheen,
O Gräul! geschnitzte Götzen stehn! *)

*) Es ist bekannt, daß der Koran den Rechtgläubigen den Gebrauch der Bilder als eine Abgötterey untersagt.

Schon hat der majestät'sche Mond,
Der furchtbar in der Luft gethront,
Mit bangen Ahndungen erfüllt,
In blasse Traur sich eingehüllt;

Schon harrt die Erde Staunens voll
Auf das, was bald geschehen soll —
Hilf, hochgepriesner Mahomet!
Hilf, Gottes heiligster Prophet!

Erwecke deiner Schaaren Mut,
Gieb ihnen Durst nach Christenblut,
Und führe sie durch Land und Meer,
Aus Süd und Ost, nach Stambul her;

Und züchtige mit ihrem Arm
Der Feinde frevelhaften Schwarm:
Erwürgt von deiner Rächerhand
Düng' er mit Blut den dürren Sand!

Und hat dein heil'ger Zorn, ergrimmt,
Nicht alle sie dem Schwert bestimmt,
So tilge den entflohnen Rest
Hinweg mit grausenvoller Pest:

Damit der ganze Erdkreis seh,
Und laut und zitternd eingesteh:
Der hochgepriesne Mahomet
Sey Gottes heiligster Prophet!

Bewillkommnung des Kaisers im Lager.

Der Sieg ist, ha! in unsrer Hand!
  Denn Joseph fleugt heran,
Und führt uns selbst, von Gott gesandt,
  Die steile Heldenbahn;

Verschmäht, auf uns allein bedacht,
  Das hochgethürmte Wien,
Um hier, wo ehrner Donner kracht,
  Im Heldenstreit zu glühn.

Wer schauet unserm Kriegesgott
Ins Flammenangesicht,
Ihr Brüderchen! und lacht mit Spott
Des nahen Todes nicht?

Willkommen, Vater Joseph, hier
Im eisernen Gefild!
Sey Zeuge, wie von Streitbegier
Dir unser Busen schwillt!

Vom Strahle deiner Gegenwart
So lange nicht erwärmt,
Hat sich ein jeder Heldenbart
Ob dem Verzug gehärmt.

Lang pochte deinem Grenadier
    Vor Ungeduld das Herz,
Tod dünkte deinem Küraſſier,
    Nur nicht das Zaudern, Scherz.

Und nun du deinem tapfern Heer
    Dich ſelbſt gezeiget haſt,
Hats fürder keine Ruhe mehr,
    Und kennet keine Raſt.

Uns wird der Panzer um die Bruſt,
    Das Lager uns zu eng!
Wir finden forthin keine Luſt,
    Als in dem Schlachtgedräng;

Und halten, traun! in Sicherheit
    Es nimmer länger aus;
Drum führ' uns, Vater, in den Streit,
    Ins freye Feld hinaus,

Hinaus, wo deiner Donner Schlund,
    Mit Tod und Graus erfüllt,
Dem Feinde deinen Namen rund
    Umher zu Ohren brüllt.

Und wär er gleich der Sterne Zahl,
    Die sommernächtlich glühn,
Er flöhe, wie vorm Sonnenstrahl
    Die blassen Sterne fliehn;

Denn Vater Joseph führet uns,
 Und unsern Vater, Gott!
Drum Sieg und Ruhm und Lorber uns!
 Dem stolzen Feinde Spott!

Wilhelms Abschied.

Vater, wisch die Thränen ab,
Die die bleiche Wang herab
Dir in stummer Wehmut gleiten,
Meinen Starkmut zu bestreiten.

Deine Lippe murrt ja nicht,
Daß für Kaiser, Gott und Pflicht,
Die mich heut ins Schlachtfeld fodert,
Deines Wilhelms Busen lodert.

Blühte so, wie sonst, dein Arm,
Wallte noch dein Blut so warm,
Würdest du in Heldenzügen
Nicht für Kaiser Joseph kriegen?

Und o du, die mich gebahr,
Die mir mehr als Mutter war,
Liebe Mutter, laß die Zähren
Bittrer Trennung Leid nicht mehren.

Ha! der laute Jammerton
Machet wahrlich deinen Sohn
Fern vom Feinde noch verzagen —
Drum so stille deine Klagen.

Brüder! Schwestern! weinet nicht;
Euers Bruders Angesicht
Lächelt euch in kurzem wieder.
Schwestern, weint nicht! weint nicht, Brüder!

Laßt an euers Wilhelms Brust,
Euch mit bittersüsser Lust,
Und mit bebendem Entzücken
Fest an seinen Busen drücken.

Könnt' ich, ach! mit diesem Kuß,
Könnt' ich dieser Thränen Guß,
Die für mich entfernt noch fliessen,
Ganz euch von den Augen küssen!

Ha!

Ha! schon rollt der Trommel Schall;
Höret ihr nicht überall,
Hier den Laut von Rosses Hufen,
Dort: Es lebe Joseph! rufen?

Dieser Helden Lustgeschrey
Stimmt auch meine Zunge bey,
Daß vor ihm, wie Ungewittern,
Unsers Feindes Ohren zittern!

Eines noch — mein Vater, sieh,
Flehend faß' ich hier dein Knie,
Gieb mir deinen heil'gen Segen
Zum Geleit' auf meinen Wegen:

Gieb,

Gieb, o gieb mit Vaterhand
Mir des Sieges Unterpfand;
Ueberdeckt mit Ruhm und Ehren
Will ich dann zurücke kehren.

Die Vorboten des Krieges.

Es blieben in den alten Tagen
Die Götter bey der Menschen Plagen
  Nicht ungerührt und felsenhart:
Sie zeigten, wie uns die Geschichten
Des Römer Pontifex berichten *),
  Durch Wunder ihre Gegenwart.

Kaum

---

*) Pontifex Maximus, der hohe Priester des alten heidnischen Roms. — Sein Geschäft unter andern war, die Begebenheiten eines jeden Jahres in die Jahrbücher einzutragen. Res omnes singulorum annorum mandabat litteris pontifex maximus. Cic. de Orat. L. II. c. 12. So waren Priester die ersten Geschichtschreiber der meisten Völker, und dieß ist eine von den

Ursa=

Kaum drohete dem römschen Reiche
Ein Unfall: Hunger, Krieg und Seuche,
 So wards mit weisem Vorbedacht
Durch eine Menge von Mirakeln
Und nie gesehenen Spektakeln
 Gleich von den Göttern kund gemacht.

Anstatt des Wassers trieft aus Wolken,
Als würde sie herabgemolken,
 Hier Milch in Strömen, weiß wie Schnee;
Dort sieht man ehmals klare Fluten
In Flüssen und in Quellen bluten,
 Mit Blute färbet sich die See. a)

Es

Ursachen, warum man in der alten Geschichte
fast keinen Schritt thun kann, ohne auf ein
Wunder zu stoßen.

a) Volaterris sanguinis rivus manavit, Romæ lacte pluit. *Vid. Jul. Obsequens de Prodigiis*, *cum Lycosthenis supplemento.* §. 113.

Es rollt bey Mitternacht am Himmel
Ein dumpf und fürchterlich Getümmel
    Von kriegerischem Mordgewehr;
Ein blutig drohend Schlachtschwert brennet
Am Horizont' a), und wütig rennet
    In hohen Lüften Heer auf Heer. b)

Bald nehmen seltene Kometen,
Des Unglücks nächtliche Propheten,
    Mit blasser Glut den Himmel ein;
Es kränzet sich mit Flammenhaaren
Der Sterne Haupt, und Monde paaren
    Sich in der Sonne Wiederschein. c)

                           Mit

---

a) Idem §. 9. 76. 103.
b) Idem §. 34. 129.
c) Idem §. 30. 31.

Mit winselnder, vermummter Klage
Entsteigt ein Geisterschwarm bey Tage
Des Schattenreiches dunklem Thor; a)
Und unbekannte Stimmen raunen,
Gleich hohlen, kläglichen Posaunen
Den bangen Sterblichen ins Ohr. b)

Die

---

a) Im Jahre nach Erbauung der Stadt 659. sah man eine Schaar von Geistergestalten mit blassen Gesichtern, im Trauergewande, truppenweise zwischen den Gräbern, und zwar bey hellem Tage, herumwandeln. Id. §. 111.—31. 77

b) Variæ spectrorum facies horrendæque voces oculis & auribus hominum obversatæ sunt. Id. §. 16. — So die Stimme auf dem albanischen Berge §. 3. im arsischen Walde, die man für die Stimme des Gottes Sylvanus hielt §. 8. Die warnende Stimme, die dem Consul Mancinus zurief: Mane Mancine! §. 83.

Die Schlange spricht mit Rednermunde
Zum zweytenmal, es sprechen Hunde
  Vom Rednergeiste angefacht: a)
Und weil auch einst ein Esel redte,
So ruft ein Ochs hier in die Wette:
  Ihr Römer, nehmet euch in Acht! b)

Selbst

---

a) Canis & serpens etiam *verbis expressis* sunt locutæ. Id. §. 7. 103.

b) Des Ochsen eigene Worte sind: Roma tibi cave! Id. §. 53. — Wenn in die Annalen der Pontificum Maximorum kein Schreibfehler eingeschlichen ist, so haben seit der Erbauung der Stadt Rom bis zum Jahre 661. nicht weniger als vier Kühe, und sechs Ochsen mit menschlicher Zunge geredet. Auf dergleichen beredte Rinder nahm der Staat oft mehr Rücksicht, als selbst auf seine Cicerone und Demosthene, denn jene wurden auf öffentliche Kosten zu Tode gemästet. Eben so widersinnig scheint einem

Selbst Götter nehmen sich die Schmerzen
Der unglücksvollen Stadt zu Herzen,
 In Trauer steht ihr Heiligthum;
Den herben Streich nicht anzusehen,
Der ihrem Volke naht, so drehen
 Die Bildnisse ihr Antlitz um. *)

---

nem profanen Beobachter das Betragen des römischen Priesterkollegiums gegen einige Bildsäulen der Götter, welche mirakulöse Zeichen von sich gegeben hatten. So ward, wie Dio erzählt, auf Befehl der Augurn, die Statue des Apollo, welche durch ein dreytägiges Weinen den Tod des Scipio Afrikanus verkündete, zerstückt und ins Meer geworfen. — Nach allem diesem ist es nicht mehr so wunderbar, wenn Kinder im Mutterleibe Io Triumphe! schrieen §. 34. oder bey ihrer Geburt die Hebamme begrüßten. §. 101.

*) An dem Tage, an welchem Pompejus getödtet ward, wandten sich fast in allen Tempeln

Zum Zeichen drohender Verwüstung
Erklingt des Kriegesgottes Rüstung
 Hell an der goldnen Statue: a)
Dem Herkul wächst das Haar am Kinne, b)
Das Bild der Göttin froher Minne.
 Erseufzt und rufet dreymal: Weh! c)
 Und,

---

des römischen Reichs die Bildsäulen der Götter um. §. 125.

a) Mavors telum suum quassavit. §. 31. 34. 35. 104.
b) In Herculis æde capillus enatus. §. 47.
c) Nicht selten redeten heilige Bilder. — Als die Römer die Stadt Veji plünderten, und die Bildsäulen der Götter nach Rom führen wollten, fragte ein römischer Soldat, entweder vom göttlichen Geiste angetrieben, oder aus jugendlichem Scherze (seu spiritu divino tactus, seu juvenili joco) die Statue der Göttin Juno, ob sie mit nach Rom wollte? und sich, o Wunder! die Statue nickte mit dem

Und, unerhört! wer sollt' es glauben?
Dem Gotte selbst, der uns die Trauben,
Und mit den Trauben Freude gab,
Dem Bacchus, diesem Thränenhasser, —
Ihm rinnt ein heller Strom von Wasser
Die kalte Marmorwang' herab.

Auch ihm, der mit dem Saitenspiele
Des Scherzes wonnige Gefühle
In unverdorbne Herzen singt,
Erstummt der Mund, erstarrt die Rechte,
Indeß ein Quell drey Tag' und Nächte
Aus seines Bildes Augen bringt. *)

---

dem Kopfe, und sagte, daß sie mit Vergnü=
gen dahin gehen würde. §. 19.

*) Apollo triduum ac tres noctes integras lacry-
mavit. §. 69. — per quatriduum §. 87. —
sudavit §. 114.

Die stolze Fürstin der Göttinnen,
Aus deren Blick ein Thränchen rinnen
  Noch keiner von den Göttern sah,
Kann itzt, im Tempel, bittrer Zähren
Sich, selbst vor Menschen, nicht erwehren;
  Ihr geht der Jammer allzunah. a)

Nicht gnug, daß schon in Thränengüssen
Des Mitleids holde Zeugen fliessen,
  Sie schwitzet, seht nur, blut'gen
    Schweiß! b)

Ver=

---

a) Lanuvii simulacrum Junonis Sospitæ lacrymavit. §. 60.
b) Signa Junonis Sospitæ cruore manavere §. 33. Quatuor signa sanguine multo diem ac noctem sudarunt. §. 37.

Vergebens kommen fromme Haufen
Zu ihr, der Helferin a), gelaufen,
Die selbst sich nicht zu helfen weiß.

Doch wer kann, ohne zu erblassen,
Die Trübsal mit Gedanken fassen,
Wenn Jupiter hinweg sich kehrt? b)
Vor dem, wenn er die Stirne faltet,
Die Erde schauervoll sich spaltet,
Und Luft und Meer zusammen fährt.

So

---

a) Juno Sospita, Juno die Helferin. Unter diesem Namen ward in der Stadt Lanuvium ein sehr altes wunderbares Bild dieser Göttin andächtig verehret. Die Gestalten, worunter diese Königin des Himmels (Deum regina) abgebildet wurde, waren so, wie ihre Benennungen, sehr verschieden.

b) Simulacrum Jovis in partem sinistram conversum. §. 108.

Das

So stellten bey den alten Heiden
Die Götter stets in Kreuz und Leiden
Mit zartem Mitgefühl sich ein:
Was Wunder! wenn man ihnen traute?
Aus Gold und Marmor Tempel baute?
Sie hatten ja kein Herz von Stein!

Uns

Das Verzeichniß dieser Wunder kann beträchtlich vermehrt werden, wenn man hinzusetzt, daß sich einst eine Henne in einen Hahn, ein Hahn in eine Henne S. 31. und ein Weib in einen Mann plötzlich verwandelte, S. 34. wovon das erstere eine Vorbedeutung der noch in eben demselben Jahre beym Flusse Thrasymen erlittenen Niederlage war; — daß heilige Bilder vom Himmel fielen S. 82. daß einigen Soldaten die Lanzen von freyen Stücken zu brennen anfiengen, und nicht verbrannten S. 31.; — daß, als der römische Ritter Martius

Uns schlagen wilde Kriegesflammen
Gar gräßlich überm Haupt zusammen,
Die Fluren sind ein Feuermeer:
Doch ließ kein Gott sich noch erweichen,
Kein Gott gab uns ein warnend Zeichen,
Welch Unglück uns so nahe wär.

tius an seine Soldaten eine Rede hielt, auf einmal eine helle Flamme von seinem Haupte aufloderte, welche von der ganzen Versammlung mit Erstaunen gesehen wurde, ihm selbst aber keinen Schaden zufügte. §. 36. u. s. w. Bey solchen Wunderzeichen thaten die Römer alles, das bevorstehende Unglück abzuwenden. Sie machten Gelübde, hielten Fast= und Bet=tage, stellten zu allen Tempeln der Stadt Processionen an, ließen vor den Altären Ströme
von

Wir sahn nicht Milch im Regen fallen,
Die Donau nicht von Blute wallen,
  Kein Krieger kämpft' in hoher Luft;
Wir hörten nicht, daß Rinderzungen
So schön, wie Menschenlippen, klungen,
  Kein Todter stieg aus kalter Gruft.

Wir sahen keinen Stern erscheinen,
Auch nicht gemahlte Augen weinen,
  Es redte kein geschnitzter Mund;
Kein Blut auf hellpolirter Stirne
Mit kaltem, marmornem Gehirne,
  That uns des Krieges Unheil kund.

              Wie?

---

von Opferblut rinnen u. s. f. bis endlich geschah, was Jupiter — im Buche des Verhängnisses gelesen hatte.

Wie? giebt es denn, wie lose Spötter
Behaupten wollen, keine Götter?
 Ergaben sie sich träger Ruh?
Und haben sie, weil sie uns hassen,
Auf immer unser Land verlassen?
 Ihr Weisen, sagt, wie geht das zu?

Lied eines gefangenen Türken.

Daß auch Imans lügen!
Nimmer hätt' ich es geglaubt!
Lügen und betrügen,
Lehren sie, ist nicht erlaubt.

Schön ist ihre Lehre,
Doch sie bleibet unerfüllt;
Und ein Dummkopf wäre,
Der sie selbst für frömmer hielt.

Als die Kriegesfehde
Jüngst der Kaiser kund gethan,
　Fieng die Mahnungsrede
Unser Iman also an:

Ihr, der Huris *) Erben!
Höret meine Wort', und bebt!
　Höret, welch Verderben
Drohend überm Haupt' euch schwebt.

---

*) Huris sind in dem türkischen Paradiese ro=
senwangige, schwarzäugige Jungfrauen, welche
zum Vergnügen der frommen Muselmänner
bestimmt sind.

Unsern heil'gen Glauben,
Der alleine selig macht,
Mir und euch zu rauben,
Ist der Kaiser aufgewacht.

Unsrer Macht zu spotten,
Selbst des hohen Sultans Haus
Schmählich auszurotten,
Sandt' er seine Krieger aus.

" Seh' auf Stambuls Mauern,
" Ich erst meinen Adler wehn,
(Spricht der Fürst der Gauern)
" Geht mein Zug nach Asien.

" Dann

„ Dann im schnellen Trabe
„ Zieh ich weiter, ruh' nicht eh',
„ Bis ich Mekka habe,
„ Medina *) zerstöret seh'.

„ Hab' ich die Gebeine
„ Mahomets zu Staub verbrannt,
„ Gold und Edelsteine
„ Von dem Grab' in meiner Hand:

„ Knüpf

---

*) Mekka, Medina, zwey Städte in Arabien, wovon jene, wie bekannt, der Geburtsort, diese die Grabstätte Mahomets ist.

„Knüpf' ich dann, vom Küster
„Angefangen bis hinauf
  „Zu dem Oberpriester,
„Alles an Moscheen auf.

„Was die Wand bepisset,
„Wird gerädert und gehenkt,
  „Oder auch gespiesset,
„Oder tief ins Meer versenkt.

„Mädchen nur und Frauen,
„Sind sie schön, auch Sklavinnen,
  „Lieblich anzuschauen,
„Werden mit nach Deutschland gehn..

„Wahr=

"Wahrlich! meine Rache
"Wird nicht eh' gesättiget,
"Bis kein Hahn am Dache
"Uiber Muselmänner kräht!"

Nun wohlan, ihr Krieger
Mahomets! ergreift das Schwert,
Bändiget den Tieger,
Der euch nach der Kehle fährt.

Kämpft für Priester, Kinder,
Weiber, Leben, Glauben, Thron;
Sprecht als Uiberwinder
Dem ungläub'gen Wütrich Hohn!

So ihr aber fallet;
Welch ein Tod! und o wie süß!
O wie freudig wallet
Eure Seel' ins Paradies!

Wenn mit Honigrede
Er euch sichern Schutz verspricht:
O so seyd nicht blöde!
Trauet seinem Worte nicht!

Wie ein Tieger listig
Mit dem Schweife kos't, und leckt,
Den Betrognen rüstig
Haschet, und zu Boden streckt;

Also würgt mit Grauen
Er auch euch, seyd ihr einmal
Nur in seinen Klauen,
Unter tausendfacher Qual!

So hat auf den Kaiser
Jüngst dein Priester, o Prophet,
Müde sich und heiser,
Schwarzen Giftes voll, geschmäht;

Auf den guten Kaiser,
Der nicht deine Ehre kränkt;
Der (verzeih mirs) weiser
Wohl, als mancher Sultan, denkt;

Der

Der an Bosphors *) Rande
Nicht sein Siegesziel erkohr;
Nur der Väter Lande
Fordert, die ihr Schwert verlor;

Der auch an dem Feinde
Nicht der Menschheit Recht verletzt,
Ihn, wie seine Freunde,
Nach Verdienst und Würde schätzt:

Wenn er überwindet,
Nicht mit ihm als Sieger spricht;
Ihn mit Ketten bindet,
Die die Menschenliebe flicht.

Die=

---

*) Die Meerenge bey Konstantinopel.

Diese Menschenliebe,
Die aus seinem Herzen quillt,
Hat auch längst die Triebe
Seines tapfern Heers erfüllt.

Starr, im Blute schwimmend,
Schlief ich, mir nicht mehr bewußt;
Lebensfunken glimmend
Regten sich in matter Brust:

Da des Todes Armen
Mich der edle Feind entwand,
Und mir mit Erbarmen
Die erschöpften Wunden band.

Sanft, nach Brüder Weise,
Heilt er meine Narben zu,
  Giebt mir Trank und Speise,
Meinem Kummer süsse Ruh.

Und nach dieses Fürsten,
Nach des edlen Volkes Blut
  Soll dein Moslem dürsten? —
Zwar es fehlt uns nicht an Mut;

Aber willst du Kriege,
Gieb uns einen andern Feind,
  Daß bey blut'gem Siege
Menschheit nicht so bitter weint.

Huld

Huld in deinen Blicken,
Schling um beider Herrscher Hand,
Völker zu beglücken,
Deines Friedens Rosenband!

Lohn' dem guten Kaiser,
Der, bekännt' er deine Lehr',
Edler noch und weiser,
Und der Moslem Zierde wär!

Phantasie eines Menschenfeindes beym Ausbruche des Türkenkrieges.

Ein Fragment.

Beginne freudigen Gesang
  In Siegesmelodey,
Mein Herz! mit jubelvollem Klang
  Stimmt dir die Hölle bey!

Sie feyert heut ein Wonnefest
  Bey schwarzer Fackeln Schein;
Der dürre Hunger und die Pest
  Stellt beym Bankct sich ein.

Vergnügt, im rothen Galakleid
.Sitzt oben an der Krieg,
Zur Rechten ihm der weit und breit
Und hoch berühmte Sieg.

Der andern Gäste schwarze Schaar,
Geschminket und geziert,
Ist, Herr und Dame, Paar bey Paar,
Nach Würd' und Rang postirt.

Das Fett von Leichen, morsch Gebein
Dient hier als Leckermahl,
Lau schäumend Blut als Cyperwein,
Die Schädel als Pokal.

Horch!

Horch! horch! kaum schließt den frohen Schmaus
Das trunkene Desert,
So schallt im höll'schen Opernhaus
Ein wohlbesetzt Konzert.

Wie lieblich tönen Ach und Weh
In der Verdammten Mund!
Harmonisch heult zum Ach und Weh
Am Höllenthor der Hund!

Schon führt, o seht! der Höllenfaun
Die Furien zum Tanz;
Ihr Haupt, gar zierlich anzuschaun,
Umzischt ein Schlangenkranz.

Husch!

Husch! drehen sich, hop! hüpfen vor
    Der schwarzen Nymphen Reihn,
Der Hölle flinkes Satyrchor
    Springt haschend hinter drein.

Deß freut sich Vater Satans Herz;
    Er sieht in stolzer Ruh
Dem bunten Spiel, dem losen Scherz
    Des Höllenvolkes zu.

Genug (so winket er zuletzt
    Dem fröhlichen Gewühl)
Genug habt ihr euch so ergötzt:
    Euch ruft ein anders Spiel.

Du, Krieg! dem ich dieß Freudenfest
  Zu Ehren angestellt,
Geh, nimm den Hunger und die Pest,
  Steig auf zur Oberwelt:

Dort, wo das Meer des Dniepers Flut,
  Der Donau Welle küßt,
Dort schlummern Völker wohlgemut,
  Entfernt von arger List.

Geh, schüttle sie mit starker Hand
  Vom Rosenlager auf!
Blut zeichne über Meer und Land,
  Und Thränen deinen Lauf.

        Zünd'

Zünd' Hütten, Städt' und Schlösser an,
  Wirf Festen in die Luft,
Bereite Kind und Weib und Mann
  In Trümmern eine Gruft!

Erwürg' in seines Vaters Arm
  Den Sohn, der sorglos blüht,
Das Mädchen, welches ohne Harm
  Dem edlen Jüngling glüht!

Den Greisen, der am Grabe säumt,
  Stoß in das Grab hinab!
Was in der Mutter Schooße keimt,
  Das find' in ihr sein Grab!

Der Tempel, wo bey Opferduft
    Die Gottheit itzt verweilt,
Verwandle sich in eine Kluft,
    Wo Wolf und Uhu heult!

u. s. w.

Fritz

Fritz.

So muß ich denn zum Helden werden?
So muß es denn gestritten seyn?
Erbarmt auf Gottes weiter Erden
Sich keine Christenseele mein?

Was hab' ich denn vom Vaterlande,
Daß ich mein Leben lassen soll?
Mein Leben! — einer Türkenbande! —
Sagt, Brüder, sagt, ist das nicht toll?

Vergebens schwimmt im Thränenbade
    Die unvergleichliche Mama;
Um Fritzen ist es Jammerschade!
    Ruft, ach! vergebens der Papa!

Gewaltsam werd' ich hingerissen,
    Wo blasser Tod und Elend haust,
Wo grimme Janitscharen*) schießen,
    Ums Ohr der Spahi**) Säbel saust.

Schon fühl' ich, hu! in Mark und Beinen,
    Ich fühl' ihn, ach! den kalten Tod,
Der, ungerührt von meinem Weinen,
    Mir mit der langen Sense droht.

                                  H

---

  *) Der Kern der türkischen Infanterie.
 **) Die Reiterey.

O gieb mir friedlichen Geschöpfe,
   Gieb, lieber Tod, nur mir Pardon!
Geh, mähe dort die Türkenköpfe;
   Sieh, trotzig sprechen sie dir Hohn.

Ach! wenn ich itzo überlege,
   Wie selig ich zuvor gelebt!
Wie stets das Glück all meine Wege
   Mit seidnem Teppich überwebt!

Warm eingehüllt in welchem Flaume,
   Wie wonnig schmeckte mir der Schlaf,
Wenn oft, noch im verliebten Traume,
   Der Sonne Mittagsstrahl mich traf;

Und eine Zofe, leicht geschürzet,
    Mit dem geliebten Tranke kam,
Der, durch ihr süß Geschwätz gewürzet,
    Den Schlummer mir vom Auge nahm.

Dann folgte, ha! mit welcher Freude!
    Mein Haar des weisen Künstlers Ruf,
Der es zum zierlichen Gebäude
    Mit Puder und Pomade schuf.

Und wenn indeß Frau Langeweile
    Mir lästige Visiten gab,
So wies ich sie mit einer Zeile
    Der drollichten Aeneis ab;

Mit Amors Waffen ausgerüstet,
  Wie hüpft' ich dann von Haus zu Haus!
Welch Fräuleinhirn ward nicht verwüstet!
  Welch Herzchen hielt den Sturm dann
    aus!

Wie färbt' ich nicht mit losem Witze
  Das Teint, worauf der blasse Tod
Schon saß, bis auf des Näschens Spitze
  So mancher Dam' am Putztisch roth!

Und kühlten Cypripors Geschäfte
  Zu fernern Siegen mir den Mut,
So gaben mir Tokayersäfte
  Und ein Fasan bald frische Glut.

D 5   Wenn

Wenn ja ein Schwarm von bösen Grillen,
: Zwar selten — durch den Kopf mir fuhr,
So wußt' ich sie sogleich zu stillen:
: Billard! — und weg war ihre Spur!

Pikniks, Redouten, Maskeraden,
: Kasino, Schlittenfahrten, Ball,
Theater, Hetzen, Promenaden!
: (Wer zählet die Vergnügen all?)

Ihr strittet immer in die Wette
: Mein Herz durch Wechsel zu erfreun,
Und schlosset mich mit einer Kette
: Von Lust und Scherz und Kurzweil ein.

Nun hat das Blatt von meinem Glücke,
  Verwünscht sey doch sein Unbestand!
In einem schwarzen Augenblicke,
  Auf immer, ach! sich umgewandt!

Nun soll ich (fliesset nur, ihr Thränen!
  Bald wird man euch nicht fliessen sehn)
Bey Nacht auf kalten Brettern gähnen,
  Anstatt zu schlafen, Wache stehn;

Anstatt ein Mädchen zu bekriegen,
  Das sich nur schalkhaft widersetzt,
Soll ich ein Türkenheer besiegen,
  Das rasend schießt und haut und fetzt!

Ich soll den plumpen Säbel schwingen,
　　Ich, der des Witzes Bolzen schwang!
Und über Wäll' und Mauern springen,
　　Ich, der nur bey Redouten sprang!

Zwar giebts auch türkische Redouten, *)
　　Nur daß man da nicht tanzt und küßt,
Wo Rücken, Köpf' und Waden bluten,
　　Und Blut statt Limonade fließt.

　　　　　　　　　　　Ich

───────────────────

*) Redoute, in der Befestigungskunst eine kleine Verschanzung in der Gestalt eines Quadrats, oder eines länglichten Vierecks.

Ich soll — — Was ich nicht alles sollte!
   Was macht der Krieg mir nicht zur Pflicht?
Daß er sich doch zum Henker trollte
   Mit dem Pandurenangesicht!

Gesetzt, der Feind ist überwunden,
   Man jauchzet hoch: Viktoria!
Und ich — zerschossen und zerschunden —
   Lieg' etwa unter Todten da:

Wenn dann mein Mund vorm Dankaltare
   Bey dem Te Deum tief verstummt,
Indeß ein Chor bey meiner Bahre
   Recht schön das De profundis brummt;

Was nützet mir der Ehre Plunder,
 Wenn ich im finstern Grabe bin,
Aus dem mich weder Gaßners Wunder,
 Noch Cagliostros Hände ziehn?

Ist aber meines Lebens Ende
 Von dir, o Himmel, festgestellt;
So nimm nur nicht durch Türkenhände,
 Ich bitte dich, mich von der Welt!

Gewiß, du hörest meine Bitte,
 Und herber, zentnerschwerer Schmerz
Bricht tödtend, mit dem ersten Schritte,
 Beym Abmarschieren mir das Herz!

Dann

Dann setzt auf meinen Grabeshügel,
Ihr Brüder, einen Marmorstein,
Und hauet Karten, Pfeile, Spiegel,
Sammt einem Flammenherzen drein.

Den Wandrer laßt die Züge lesen:
" Der hier sein Ruhebette fand,
" Ist einst ein Patriot gewesen;
" Er starb den Tod — im Vaterland.

Ein Trupp von Mädchen komm' und setze
Sich trauernd um mein Grab herum,
Und schluchz' und seufz' und wein' und netze
Des theuern Restes Heiligthum.

Du

Du schlanke, schmachtende Rosette,
    Und Suschen mit dem Rabenhaar,
Empfindsame Sophie, Babette
    Mit dem verschmitzten Augenpaar;

Therese mit dem kleinen Fuße,
    Und Julchen mit dem Rosenmund,
Und Klärchen mit dem Feuerkuße,
    Und Dorchen mit dem Arm so rund!

Ihr alle, wie ihr heißt, ihr Schönen!
    Die einst mein Witz und Reiz besiegt,
Kommt her, und opfert eure Thränen
    Dem, der in diesem Grabe liegt;

                      So.

So setzen Kochems Höllenschrecken
Vergebens seinem Schatten zu.
Ihn wird die Mitternacht nicht wecken;
Von euch beweint schläft er in Ruh!

Herausforderungslied
der
Türken.

So kommt doch, ihr Deutschen! so kommt doch, ihr Bauern!
Wie? werdet ihr immer im Hinterhalt lauern?
Ihr hört es, wir achten der Drohungen nicht,
Und trotzen euch kühnlich ins stolze Gesicht!

Gelocket von täuschender Hoffnung des Sieges
Entflammtet zuerst ihr den Zunder des Krieges,
Und wähntet im schönen und wehrlosen Land
Uns feige zu fangen mit listiger Hand.

Zu hoch hängt die Pfirsche, nach der euch gelüstet;
Die Moslem sind mutig, das Land ist gerüstet!
Ihr zaubert? Wie? reut euch die fertige That?
Wohlan denn, wir geben euch heilsamen Rath;

Kommt,

Kommt, bittet mit Thränen, auf wan=
    kenden Knieen,
So ist euch der thörichte Frevel verzie=
    hen,
  Der Frevel, zu reizen der Gläubigen
      Muth;
  So trinkt unser Schwert nicht un=
      gläubiges Blut.

Ihr schweiget? O kriecht aus dem sicheren
    Neste!
Ihr seyd uns, beym Allah! *) willkom=
    mene Gäste.
  Wir sind, euch zu sehen, gar höchlich
      erfreut,
  Und euch nach Vermögen zu dienen
      bereit.   Ihr

―――――――――――――――――――――
*) Allah, türkisch, Gott.

Ihr scheut hier die Höhe von Mauer und
Walle?
Dort winken uns Ebenen, sicher vorm
Falle:
Drum hurtig, es sehe der heutige
Tag
Von Händen zu Händen den trauli=
chen Schlag!

Schon sammeln sich krächzende Raben (sie
wittern
Die Mahlzeit) den hungrigen Magen zu
füttern;
Noch schwärzen sie schwebend des Him=
mels Gezelt,
Bald schwärzen sie schmausend das
rauchende Feld!

Wir

Wir sehn sie mit gierigen Krallen euch pa=
cken,
Die Augen aus dampfenden Schädeln euch
hacken:
Sie füllen den Magen, und bringen
den Rest
Mit blutigen Schnäbeln ins freudige
Nest.

O hört doch, vielstimmig, hier dumpfig,
dort helle,
Aus Dörfern und Städten ein lautes Ge=
belle;
Es bellen die Hunde, von Hunger er=
grimmt,
Ihr Gauern seyd ihnen zur Tafel be=
stimmt.

Wie

Wie köstlich, wie herrlich wirds ihnen da schmecken,

Wenn bald sie mit lechzenden Zungen euch lecken!

Bald setzen sie rüstig den hungrigen Zahn

Ans siegende, prahlende Knochen=
werk an.

Ihr sehet hier fröhlicher Knaben Ge=
wühle:

Mit Ungestümm fordern sie Kurzweil und Spiele;

Wir haben die Schädel der kommen=
den Schlacht

Den Knaben zu Kurzweil und Spiel zugedacht.

Sie

Sie werfen sich, lachend, mit christlichen
Köpfen,
Gelocket, gekrauset, mit zierlichen Zö=
pfen;
Und schmettern sie spottend, mit
freudiger Hand,
Die Nase zerquetschend, an blutiger
Wand!

So kommt doch, ihr Gauern! so kommt
doch, ihr Deutschen!
Es harren schon euer geflochtene Peitschen.
Ihr sehet, wir achten ein stolzes
Gesicht,
Wir achten Ungläubiger Drohungen
nicht!

———

Lied

Lied eines Waffenschmiedes.

Hauche, Blasbalg, hauche zu,
Hauche sonder Rast und Ruh!
Itzo mußt du nicht ermüden,
Denn nun ist die Zeit zu schmieden:
Vater Joseph zieht als Held
In das waffenreiche Feld.

Hauche, Blasbalg, hauche zu,
Hauche sonder Rast und Ruh!
Dieses Eisen zu erweichen,
Muß dein Athem stärker keuchen.
Schwer ist dieser Stahl und hart,
Für die Türken aufgespart.

Hauche, Blasbalg, hauche zu,
Hauche sonder Rast und Ruh!
Jenen von den blanken Speeren
Will ich dem Vezier verehren;
Josephs Krieger bringet ihn
Nah zu seinem Herzen hin.

Hauche, Blasbalg, hauche zu,
Hauche sonder Rast und Ruh!
Hier aus diesem Feuerrohre
Sauset zu des Baschen Ohre,
Auf des Helden Lacy Wink,
Eine Kugel rasch und flink.

Hauche, Blasbalg, hauche zu,
Hauche sonder Rast und Ruh!
Hoch soll dieser Helm sich thürmen,
Stolz des Reiters Haupt beschirmen,
Daß der Säbel mit Gewalt
Abgestumpft zurücke prallt.

Hauche, Blasbalg, hauche zu,
Hauche sonder Rast und Ruh!
Dieser Panzer soll in Schlachten
Stich und Hieb und Schuß verachten;
Denn er spart des Kriegers Herz
Für der Liebe süssern Schmerz.

Hauche, Blasbalg, hauche zu,
Hauche sonder Rast und Ruh!
Wie aus dunklen Wolken, blitze
Dieses Bayonnetes Spitze;
Scheu, mit schreckenvollem Blick
Beb' des Spahi Gaul zurück!

Hau=

Hauche, Blasbalg, hauche zu,
Hauche sonder Rast und Ruh!
Oestreichs tapfrer Krieger schwinge
Diese steyermärker Klinge;
Spiegelhell, an Hieb und Streich
Thut sie's Damaszenern gleich.

Hauche, Blasbalg, hauche zu,
Hauche sonder Rast und Ruh,
Ehe Vater Josephs Milde
Speere, Flinten, Helme, Schilde,
Panzer, Bayonnet und Schwert
Noch in Pflug und Sichel kehrt.

Der kleine Karl und seine Mutter.
Ein Gespräch.

Karl.

Mutter, immer weinst du doch,
Seit der gute Vater noch,
In den Türkenkrieg zu gehen,
Uns das letztemal gesehen.

Mutter.

Wohl sagst du: zum letztenmal! —
Doch — du fühlst nicht meine Qual,
Weißt noch nicht, was um sein Leben
Stündlich für Gefahren schweben.

Karl.

Karl.

Izt umschwebet die Gefahr
Spahi nur und Janitschar;
Diesen wird er, ohne Grauen,
Allen flugs den Kopf abhauen!

Mutter.

Glücklich macht dein froher Wahn!
Söhnchen, schau mich nicht so an! —
Ach! ich seh in deinem Blute
Einen Strahl von seinem Mute!

Karl.

Was verbirgst du deinen Blick?
Kömmt der Vater nicht zurück?
O gewiß — in wenig Wochen —
Denn so hat er mirs versprochen.

Mutter.

Jüngst noch ist in fernem Land,
Hingestreckt von Feindes Hand,
Mancher deutsche Held geblieben;
Und, ach! Er hat nicht geschrieben —

Karl.

Lange mir das Schwert herab,
Das mir einst mein Vater gab:
Denn mir macht der bloßen Scheide
Anschaun länger keine Freude.

Mutter.

Herzchen, sieh, ich lang' es dir;
Nur versprich mir erst dafür,
In der Scheid' es ruhn zu lassen —
Mit Gewehr muß man nicht spaßen —

Karl.

Karl.

Mutter, nein, ich spaſſe nicht! —
Schwer, fürwahr! iſt ſein Gewicht! —
Sieh — ich bäum' es in die Höhe — —
Ach, wie klein ich aufwärts ſehe! —

Mutter.

Nun, iſt etwa Freud' und Spiel,
Kleiner Krieger, ſchon am Ziel?
Matt ſeh' ich, und ohne Leben,
Deinen Blick am Schwerte kleben —

Karl.

Sollt' ich, ach! nicht traurig ſeyn?
Sieh, noch bin ich ſchwach und klein —
Wär' mein Vater itzt erſtochen,
Ach! von wem würd' er gerochen? —

Aber wachs' ich nur empor,
Rag' ich übers Schwert hervor,
Kann ich's nach Gefallen lenken,
Schnell erheben, kräftig senken;

Dann, o dann erfährt der Feind,
Daß du nicht umsonst geweint:
Durch und durch von mir zerspalten,
Soll sein stolzes Haupt erkalten!

Mutter.

Sohn, du bist des Vaters werth! —
Komm zu mir, und laß das Schwert —
Komm, mit Wehmut, mit Entzücken
Laß an dieses Herz dich drücken!

Jäger.

Jägerlied.

Wald und Hügel, lebet wohl!
Hier in euern dunkeln Auen
Werdet ihr mich bald nicht schauen.
Uns hat eine scharfe Jagd
Kaiser Joseph angesagt;
Fern im türkischen Gefild
Weidet hoh und niedres Wild.

Flinke Hasen, lebet wohl!
Nun könnt ihr auf den Revieren
Frank und frey herumspazieren.
Denn auch auf der Türken Flur
Zeigt sich eurer Brüder Spur;
Auf den Auen und im Wald
Scherzen Rammler, jung und alt.

Edle Hirsche, lebet wohl!
Spiegelt, ungestört durch Schüsse,
Euch am Ufer klarer Flüsse.
Hirsche, minder an Geweyh
Als an Herz, hegt die Türkey,
Wo ein Harem, wohlbewacht,
Selten Sechzehnender macht.

Schlaue

Schlaue Füchse, lebet wohl!
Ungejagt, unausgegraben,
Dürft ihr euch an Hühnern laben.
Nur des list'gen Bascha Schweif
Sichert jtzo kein Geschleif; *)
Bald wird er auf offnem Feld
Unter Angstgeschrey geprellt.

Träge Dachse, lebet wohl!
Ruht im Baue, frey von Kummer,
Tief versenkt in sichern Schlummer.
Bald durchgräbet unsre Hand
Belgrads hohe Felsenwand,
Wo, in Sicherheit gewiegt,
Manch beschnittner Dachse liegt.

---

*) Geschleif, Bau, in der Waidmannssprache, die Höhle des Wildes.

Gemſ' und Steinbock, lebet wohl!
Sorglos kann von ſteilen Höhen
Euer Aug in Thäler ſehen.
Böcke mit gekämmtem Bart,
Böcke, traun! von trotz'ger Art,
Harren, hoch am Felſenſchloß,
Kühn auf unſer Jagdgeſchoß.

Starke Keiler, lebet wohl!
Nun mögt ihr das Feld durchwühlen,
Euch im nahen Sumpfe kühlen;
Weil ein andrer Eber jetzt
Grimmig ſeine Waffen wetzt;
Doch er wetzet ſie nicht lang,
Denn wir geben ihm den Fang!

Konrad an Hanne.

Nimm dieß Brieflein, lies und weine! —
Konrad — ach! nicht mehr der deine! —
Schrieb es heut, im Hauptquartier,
Ungetreue Hanne, dir.

Als wir jüngst zu Felde zogen,
Hast du Treue mir gelogen:
Treue log der Thränenguß
Und der falsche Abschiedskuß!

                                        Ach!

Ach! noch hör' ich deine Schwüre,
Die du an der Gartenthüre
Mir gethan bey Mondes Schein,
Ewig, ewig treu zu seyn.

" Solltest du nicht wiederkehren,
" Dennoch, Konrad, will ich schwören,
" Dir, als Jungfrau, Liebster mein!
" Ewig, ewig treu zu seyn!

Also sprachst du, und noch weiter —
Und der Mond, zuvor so heiter,
Ward — ich sah' es — blaß und schlich
Hinter trübe Wolken sich.

Schändlich hast du und vermessen
Schwur und Treue nun vergessen;
Gabst dich, ha! mit losem Sinn
Einem schnöden Buben hin!

Mit betrügerischem Golde
Hält er nun dein Herz im Solde:
Bieder zwar und ohne Harm
Dünkt dir Konrad, aber arm!

Doch du irrst; denn reiche Beute
Lohnet wackre Kriegesleute;
Was mir hat dein Herz entwandt,
Füllet Beutel mir und Hand!

Erich

Sprich, mit thränenvoller Reue,
Falsche, sprich mir nicht von Treue!
Einer Dirne, treu um Gold,
Wird mein Herze nimmer hold!

Bald betrogen von dem Gecken,
Wird der Knaben Hohn dich necken.
Dann, dann wünscht dein nasser Blick
Deinen Konrad sich zurück!

Doch umsonst! denn Liebesbande
Knüpf' ich hier in Feindes Lande,
Das so manches Mädchen hegt,
Dem im Busen Treue schlägt.

Manchem, welches hier, verachtet,
Sklaven gleich, in Ketten schmachtet,
Ist, fürwahr! im deutschen Reich
Keins an Treu' und Schönheit gleich!

Da, wo üppig in Palästen
Sich Vezier und Mufti mästen;
Wo, in Weichlichkeit gewiegt,
Achmet auf dem Polster liegt:

In Konstantinopel trauert,
Nonnen ähnlich, eingemauert,
Eine Schaar von Mädchen, schön,
Ungeliebt und ungesehn:

Wenn wir Siegesfahnen schwingen,
Und in Stambuls Thore bringen,
O so wird aus dem Serail
Auch ein Mädchen mir zu Theil!

Ha! dann eilet, mir zur Seite,
Die geliebte, schöne Beute,
An des frohen Siegers Hand,
Freudig in mein Vaterland!

Dort wird unter treuen Küssen
Sie das Leben mir versüssen!
Glücklich, wenn ein Knäblein bald
Mir das süsse: Vater! lallt!

Unser

Unser Glücke sollst du sehen,
Und vor Gram und Reu' vergehen!
Denn du warst des Buben Gold
Mehr, als deinem Konrad, hold!

An die Geister der Helden des alten Griechenlands.

Hervor, hervor aus den vergeſſnen Grüften,
Ihr, deren Ruhm, ſtets unbegränzt,
Durch Ewigkeiten hin, in diamantnen Schriften,
Mit neuen Strahlen glänzt;

Die Hellas *) einst, die Pflegerin der Musen,
Der Helden Mutter noch, erzeugt,
Und in der Freyheit Schooß, und an der Weisheit Busen
Zu Thaten groß gesäugt!

Du, dessen Arm auf Marathons Gefilde
Der Perser Myriaden schlug; **)
Den zur Unsterblichkeit, in unzerstörbarm Bilde,
Die Siegesgöttin trug.

Denn

---

*) Griechenland.
**) Miltiades, vid. Corn. Nepos. c. 5.

Denn herrlicher, als zwischen Marmor=
wänden,
Vom Pinsel der Apelle, strahlt
Im Tempel ew'gen Ruhms dein Abbild,
von den Händen
Unsterblicher gemahlt!

Auch du, der groß im Frieden, groß im
Kriege,
Mit Waffen minder, als Verstand,
Die Völker einer Welt, mit adlerschnellem
Siege,
Auf Fluten überwand! *)

*) Temistokles. c. 4.

Triumph! rief dir in dem erstaunten
Meere
Der frohen Wellengötter Schaar,
Daß Hellas freyer Herd, und ihrer Tem‐
pel Ehre
Durch dich gerettet war!

Auch, Sparta's Zögling *)! du, vor des‐
sen Muthe
Des Meders Horden sich entsetzt,
Als des Despoten Sohn, durchbohrt, mit
Sklavenblute
Platäa's Feld benetzt!

Und

---

*) Pausanias; c. 1.

Und du, dem einst auf Mykalens Ge=
stade,
Die Nereide bey Gesang
Mit Kränzen von Korall', mit Lorbern
die Dryade
Die Siegerstirn' umschlang:

Als durch dein Schwert, und dein zer=
schmetternd Feuer
In einem Tage hingestreckt
Zu Land und See, das doppelköpf'ge Un=
geheuer
So Flut als Sand geleckt! *) u. s. w.

———